www.ingramcontent.com/pod-product-compliance
Lightning Source LLC
LaVergne TN
LVHW012117070526
838202LV00056B/5756